सफ़र

जीवन के पथ पर..........

ABHAY PRATAP SINGH

BookLeaf Publishing
India | USA | UK

Made with ❤ on the BookLeaf Publishing Platform
www.bookleafpub.in
www.bookleafpub.com

Dedication

यह संकलन मेरे माता-पिता और मेरे स्नेही सदस्यों को समर्पित है,
जिन्होंने मुझे प्रेरित किया ।

Preface

प्रस्तुत कविता संग्रह 'सफ़र' (जीवन के पथ पर...) में
जीवन के सफर में आने वाले पड़ावों के कुछ पहलुओं
को कविता के माध्यम से व्यक्त किया है।
आशा है कि यह कविता स्वयं के जीवन सफर को
समझनें में सहायक होंगी।

Acknowledgements

मैं अपने स्नेहीजन और जीवन के पड़ाव पर मिलने वाले प्रत्येक सदस्यों के प्रति आभार व्यक्त करता हूँ।
जिनके प्रेरणादायी साथ से मुझे जीवन के प्रत्येक पहलुओं को समझने का मार्गदर्शन मिला।
मैं मेरे माता-पिता और स्नेहीजन को इस सफर में साथ देने के लिए आभार व्यक्त करता हूं।

" सफर में थे, सफर में रह गये
मिले-बिछड़े कई, सफर करते-करते।"

1. माँ

क्या लिखूँ तुझपे, तू निःशब्द है 'माँ'
लाख थपेड़े सहती इक आंच न आने देती
हर पल, हर क्षण, खुशियां बिखेरती
सारे दुख अपने में छिपा लेती ।

आसां नहीं बयां करना, तेरा प्यार 'माँ'
जल कि तरह निर्मल तू, गंगाजल की, पवित्र धार है 'माँ'
क्या कहूं इस जहां में, सबसे अनमोल है तू
इक जहां में मेरी , दो जहां है तू ।

तुझसे है, इस जीवन की डोर
दुनिया में, हर चीज का मोल
पर मां ,तू है सबसे अनमोल ।

हर धूप की छांव तू
हर लहर की नाव तू
हम पर सदा रखना ,ऐ 'माँ'

अपने आँचल कि छांव तू ।।

2. बातें है बस, वही पुरानी

बातें है बस, वही पुरानी

हम सब की है, वही कहानी
सुना है सब की जुबानी
कुछ और सुनाओ, नई कहानी

बातें है बस, वही पुरानी....

हम भी है आज ,कुछ रूमानी
हवाएँ भी है आज, कुछ नूरानी
कुछ तो हैं, जानी-अंजानी

बातें है बस, वही पुरानी........

हँस लिया, बोल लिया
सबका दिल टटोल लिया
सब ने सुनाई, अपनी-अपनी
दिलचस्प-सी कहानी

बातें है बस, वही पुरानी...

सोचता हूं, कुछ नया करूं
ख़याल आते हैं, मन में मस्तानी
करें हम भी कुछ, तूफ़ानी

बातें है बस, वही पुरानी.......।।

3. यादें

यादें, बस वो धुंधली -सी यादें

बस इक-ही पल में, बहुत कुछ, दिखा जाती
वो यादें..... .

कुछ खुशियां, कुछ गम दे जाती
वो यादें..... .

जैसा-भी है इक उमंग भर देती
वो यादें....

कभी-कभी, मन उदास-सा लगता है
डर लगता है खुद को खो न दूं
क्यूं इतनी बेदर्द होती है
वो यादें....

यादों के सहारे जीना, आसां तो नही
पर कभी-कभी, इक गहरा जख्म दे जाती
वो यादें....

अच्छा था, बुरा था, हैं तो अब
वो यादें....

कुछ पाया, कुछ खोया, कुछ नया मिला
अब इस भीड़-भरी दुनिया-से
क्या शिकवा, क्या गिला
बस सुकूं इतना-सा है
हर मोड़ पर
इक तजुर्बा नया मिला।।

4. भूल(गलती)

भूल से हम इक भूल कर बैठे

न उम्मीद हुए, अपनी उम्मीदों पर
जो तुझसे उम्मीद कर बैठे

भूल से हम इक भूल कर बैठे.......

वफादारी तो न थी, तेरे किरदार में
फिर भी वफा की उम्मीद, तुझसे कर बैठे

भूल से हम इक भूल कर बैठे......

चल पड़े थे, अपनी मंज़िल की राह में
कर्तव्य पथ पर, पथ भ्रमित, हो बैठे

भूल से हम इक भूल कर बैठे.......

ख़यानत तो थी, तेरे रग-रग में
फिर भी, अच्छाई की मूरत, तुझे बना बैठे

भूल से हम इक भूल कर बैठे......

बनाया तुझे, साहिल का शिखर मैने
जरा नजर खुली, तो मिले मुझे, गर्त में बैठे

भूल से हम इक भूल कर बैठे.......

अब भूल को, भूल समझ, भूल जाना
हम उस भूल को, आखिरी भूल समझ, भूल बैठे

भूल से हम इक भूल कर बैठे ।।

5. सफर

आज चल पड़े हैं, उसी राह, उसी डगर
जहाँ शुरू हुआ था, सफर

कहने को, तो बहुत कुछ, पाने चला था
थोड़े की चाह में ,बहुत कुछ, खोने चला था

कहें तो कैसे, बीते दिनो के लम्हे
बयाँ करना, आसां नही

टूटा बिखरा, फिर से सम्भला
या फिर, यूँ कहें कि, तजुर्बा नया मिला
कल, फिर से शुरू, वही सफर, वही डगर

पीछे देखना, दुश्वार- सा लगता है
उन दिनो, न चाहते हुए, बंध-सा गया था
कुछ कह न सका सहम -सा गया था

पर क्या कहें
तजुर्बा भी नया समझकर सह-सा गया था

अब चल पड़े हैं, उसी राह, उसी डगर
जहाँ शुरू हुआ था, सफर.......।

6. जीवन धारा

जीवन प्रगति-प्रवाह चल पड़ी, जैसे बनी जल धारा

बह चली प्रगति पथ पर, न है कोई किनारा
काटती-चीरती, हर अवरोध को
चाहे मझधार में हो, जीवन-धारा ।

जीवन प्रगति-प्रवाह चल पड़ी, जैसे बनी जल धारा......

हर पग, हर पथ, पर हैं, कुछ चुनौतियाँ
विह्वल रहे, या विचलित
मिटा के, हर- इक, कुरीतियां
कल -कल करती, निर्मल रहती
मिटाकर हर-दुःख सारा ।

जीवन प्रगति-प्रवाह चल पड़ी, जैसे बनी जल धारा......

उड़ान भरने चल पड़ी, पंख पसारे है तैयार
कठिन डगर हो ,या फिर कोमल
हर पथ पर, चलने को तैयार
छूने चली उस आसमां को, नहीं है कोई अंधियारा ।

जीवन प्रगति-प्रवाह चल पड़ी, जैसे बनी जल धारा......

7. एहसास

दिल की धड़कने, बेतहासा धड़क रही
ना जाने, मुझमें, मुझसे ही, कुछ कह रही।

कुछ उलझन, कुछ खुशी-सी, लग रही
क्या कहूं, इक नयी ख्वाहिश-सी, जग रही।

सोचूं तो क्या, बोलूं तो क्या
दिल-ही-दिल में, कश्मकश-सी चल रही।

हलचल भी है, अंधेरी- रात का सूनापन भी
पर न जाने, कौन -सी आवारगी, चल रही।

है जाने, पर लग रहे, अनजाने
यूं लग रहा, कुछ आग-सी, सुलग रही।

कहने को तो, है बहुत कुछ
फिर-भी, न जाने, क्यूं हैं चुप।

हमें भी इन्तज़ार है, उन्हें भी इन्तज़ार है
आगाज़-ए-एहसास कौन करे।

कहीं पराया, तो कहीं अपनेपन का, एहसास भी
लगता है, खुदा का दस्तूर ही, यही।

मेरा ऐहतराम तो, सरेआम है
उनका क्या, किसी को खबर ही नही।।

8. परिस्थितियाँ

दास होता है मनुष्य, परिस्थितियों का, सुना था कभी

पढ़ा था बचपन में
सारा खेल है परिस्थितियों का, लिखा था कहीं
प्रतिपल, प्रतिक्षण, चहुंओर, घिरें है सभी

दास होता है मनुष्य, परिस्थितियों का, सुना था कभी......

सूरज की, चमचमाती किरण का, उजाला है कभी
कभी घनघोर बादल, तो अँधियारा है कभी
कभी रिमझिम, कभी फव्वारा
तो मूसलाधार बारिश है कभी
कभी शर्द हवाएं, कभी पतझड़
तो बसंत है कभी

दास होता है मनुष्य, परिस्थितियों का, सुना था कभी......

गिर-गिर के सम्भले है
लड़खड़ायें हैं कभी
कभी है टूटे, कभी है बिखरे

तो खुद को, सम्भाला है कभी
कभी व्यथित होकर बीता दिन
उलझन में बीती, रात कभी ।

दास होता है मनुष्य, परिस्थितियों का, सुना था कभी......

कभी मंजिल थी सामने खड़ी
परिस्थितयों की जंजीरें खींचे, पांव कभी
तब समझ आया, सारा खेल है परिस्थितियों का
इन पर न चलता जोर कभी
धीर, गम्भीर, संसिद्ध, बना देती हैं परिस्थितियां
नियति का है ये सारा खेल सभी ।

दास होता है मनुष्य, परिस्थितियों का, सुना था कभी.........

होकर ओजस्वी, बनकर तेजस्वी, चलना है सही
लेकर सीख परिस्थितयों से, अब न करना वही
बिठाकर तालमेल परिस्थितियों से, चलना है सही
बनना नहीं है गुलाम, परिस्थितियों का आगे कभी

दास होता है मनुष्य, परिस्थितियों का, सुना था कभी......।।

9. सफर-1

बहुत तड़पा उन दिनो,
बहुत रोया उन दिनो

कैसे कहूं.....
खुद को खोया, उन दिनो

समझ नही आ रहा था
ये क्या हो रहा था...........

माजरा क्या था
बस, बेबस-ही किए जा रहा था

था मैं, लाचार............
कुछ कर नहीं सकता था

पर किसी ने मुझको,
मुझसे ही, समझ लिया था

हुआ कुछ यूँ............
जो होना चाहिए था

खुशियाँ छिपी थी
बस दुःख की आखिरी घड़ी थी

मिली आजादी मुझको
मेरी मंजिल के लिए

अब मुड़कर नहीं देखना
उस अधूरी ख्वाहिश के लिए ।

10. प्रेरणा

नयी उमंगें, नयी तरंगे
नया है ये सवेरा
प्रतिदिन, प्रतिपल बिखरे खुशियां
ना आये कभी अंधेरा।

बनना नही है, फूल-सा नाजुक
न हो कांटो का बसेरा
दुआ है मेरी, यही खुदा से
दे हमेशा, साथ वो तेरा।

माना, मुश्किलें बहुत है
कठिनाइयों का है डेरा.......
विचलित न होना, चुनौतियों से
आयेगा इक, नया सवेरा ।

सजाना तुझे है, इस मधुवन को
लगा के खुशियों का ज़खीरा
सब करे तेरा अनुकरण
ऐसा दैदीप्यमान हो तेरा औरा ।।

11. एक सोच

सब की नजर में, मैं अच्छा रहूँ
ये जरुरी तो नही

नजरिया अपना है
कोई मजबूरी तो नहीं
आशाओं पर उतरुँ , खरा सबके
ये जरुरी तो नही ।

गर रख दूँ ताक पर
अपनी सारी ख्वाहिशें
कर दूँ कुर्बान
अपनी सारी मन्नतें
दिखा जाये कोई
उम्मीद-ए-किरण थोड़ी
कर दूँ समर्पित खुद को
बिना किए देरी ।

डुबाकर कश्ती अपनी
लगा के पार उसको
है मझधार में कोई

करा के नौका पार उसको

यही तो मक़सद-ए-जिन्दगी है
हो जाये जग उध्दार
उफ न करूं, इक बार
कर दूं न्यौछावर खुद को, हर बार।।

12. जीवन डगर

डगर है मुस्किल, लम्बा है रस्ता
जाना बड़ी दूर, मगर काँटें बहुत हैं।

कहीं साफ, कहीं धूमिल है, रस्ता
कभी लगे ठोकर, तो कही गहरा गड्ढा।

कहीं पथरीली, तो कहीं कंकड़–पत्थर
जीवन डगर, इक अनजानी सड़क है।

चलना पड़ता है, इस अनजानी डगर पर
मिलते बिछड़ते, कई राही, इस भीड़–भंवर में।

धीरे–धीरे, पार हो जाता है ये सफर
परिपक्व, सहनशील बना देता है ये डगर ।

संघर्ष करना पड़ता है खुद को, झेलकर हर कहर
कहर–के अन्तिम प्रहर पर, रोशनी देती इक नयी डगर ।

पूरा हुआ सपना

और खत्म हुआ जीवन सफर।।

13. उमंग

क्यूँ बैठा है तू खामोश

मन में है इक
अजब-सा जोश

धर धीर तू
गगन को चीर तू

वक्त की मार से
कर दे सब को नीर तू I

दिखा के जोश
करके होश

कर दे सब को पानी
बन्द कर
सब की जुबानी।

बजाकर जीत का बिगुल
करके सबको विकल

दे–दे खुशी का ताज उनको
इसकी तलाश थी जिनको।।

14. हाल(तबियत)

हाल ! पूछता है हर कोई, या पूछता कोई नहीं।

कहनें को तो सभी अपनें हैं
या अपना कोई नहीं

हाल ! पूछता है हर कोई, या पूछता कोई नहीं....

जरा देर पास बैठो, किसी के
पास बैठे तो, पर पास कोई नहीं।

हाल ! पूछता है हर कोई, या पूछता कोई नहीं....

पूछते तो हैं सभी, क्या हाल ?
क्या सच में, पूछता है हाल कोई ?

हाल ! पूछता है हर कोई, या पूछता कोई नहीं....

होते तो है, आस-पास रिश्तें कई
उन रिश्तों में क्या है, अपना कोई?

हाल ! पूछता है हर कोई, या पूछता कोई नहीं....

बातें करने को तो, हैं बातें कई
क्या सच में पूछता है, तुम्हारी बात कोई?

हाल ! पूछता है हर कोई, या पूछता कोई नहीं....

मौका परस्त, हो गयें है सभी
मौका ही ढूंढता, हर कोई

हाल ! पूछता है हर कोई, या पूछता कोई नहीं....

सोचो, बैठे कहीं, मन हल्का कर, दुःख बांटे कोई
मन की बात, जुबां तक, ही रह जाती
जब दिखते हैं, सभी के मुखौटे कई

हाल ! पूछता है हर कोई, या पूछता कोई नहीं।।

15. आशियाना

चाहतें है सभी बनाना
इक हो मेरा आशियाना।

सूरज की किरणों का, हो आना-जाना
चंदा की रोशनी में , हो गुनगुनाना
हर घड़ी जहां, प्रेम को देना पड़े नजराना ।

चाहतें है सभी बनाना
इक हो मेरा आशियाना।

कोयल की मधुर कुंजन हो, चिडियों का हो चहचहाना
फूलों की बाग हो, सुगंधित खुशबुओं से हो महकाना
घर का इक कोना ऐसा हो, जहां खुद को खुद में हो पाना
।

चाहतें है सभी बनाना
इक हो मेरा आशियाना।

जाने की बात से जहाँ, मन में इक उमंग भर जाना
हर परेशानियां पीछे छोड़कर

दहलीज पर दस्तक देते ही, हो मुस्कुराना।

चाहतें है सभी बनाना
इक हो मेरा आशियाना।

बातों ही बातों में, इक मीठा शहद घोल जाना
पुल्कित हो अन्तःकरण, मन का आह्लादित हो जाना
चढ़ते–ढ़लते इस मौसम में, इक दूजे का साथ निभाना ।

चाहतें है सभी बनाना
इक हो मेरा आशियाना।

विश्वास की डोर अडिग हो जहाँ, किसी संशय का न हो ठिकाना
आशाओं की डोर से ऐसे बंध जाना
जैसे ढालते सूरज को इक उम्मीद दे जाना
बाधाएँ कितनी भी आयें
चंद लम्हों में हो, उनका सुलझ जाना ।

चाहतें है सभी बनाना
इक हो मेरा आशियाना।।

16. जोश

बनूं सोला
उगलूं आग

अगन लगी है
मुझमें आज

लगन लगी
कुछ ऐसी

कर दूं
धरा-शिखर को इक जैसी ।

हो जाए सब कुछ
तार-तार

दिख जाए सब कुछ
आर-पार

मिट जाए ऊंच-नीच का
भेद-भाव

न रहे किसी को
ग्लानि भाव ।।

17. नजर

नजर ने नजर को नजर भर देखा

नजर ही नजर में नजर खो गए।

नजर ही नजर में बसे वो नजर मे

नजर ही नजर से, बे नजर हो गए।

नजर का असर हुआ, ऐसे नजर से

नजर की नजर लगी, हमें पहली नजर से।

नजर ही नजर में, शुरूर चढ़ा ,ऐसे नजर में

नजर से नजर, मिली ऐसे नजर से ।

नजर की बात हुई, ऐसे नजर से

नजर बस ठहर गया, उसी नजर पे ।

नजर ने ऐसा 'नजर' किया नजर पे

नजर ही खो गया अब उसी नजर पे।

18. कौन हो ?......'तुम'

कौन हो?.... मन्नत, दुआ....या....ख्वाब

कितनों नें,
संजोया है, इनमें तुम्हे

मांगा है दुआओं में
रब से तुम्हे

कौन हो? ......मन्नत, दुआ..... या......ख्वाब.....

हर पल रहते हो
ख्वाबों में

रहते हो हरदम
दुआओ में

मांगते है तुम्हे
हर मन्नत में

कौन हो? ......मन्नत, दुआ या ख्वाब......

दूर रहकर भी
रहते हो पास मेरे

क्षण भर को लगते हो
अपने मेरे
सच हो ?..या हो ... ख्वाब मेरे

कौन हो? ......मन्नत, दुआ या ख्वाब.....।।

19. आखिरी समय

आज क्षण कुछ ऐसा था
थी मौत सामने खड़ी ।

विवश हो खड़े ऐसे
स्थिति कुछ ऐसी आन पड़ी ।

काल पसारे पांव था
स्थिति कुछ ऐसी आन खड़ी ।

कि बस जीवन की थी
ये अन्तिम लड़ी ।

सांस से सांस लड़ी
आखिरी सांस तक

बस अब तार से तार
टूटने की घड़ी।

आज क्षण कुछ ऐसा था

थी मौत सामने खड़ी ।

20. आधुनिकता

आधुनिकता के इस दौर में
जीवन की सत्यता, खोए जा रहा ।

उद्देश्य विहीन, पथ भ्रमित
अंतरंगी, आडम्बर फैलाए जा रहा ।

मन ही मन खिन्न हो रहा
हर दिन इक नई, जंग लड़ रहा।

वास्तविकता का अर्थ, भंग हो रहा
एकाकीपन ऐसे, खोखला कर रहा ।

मुखौटा-ए-रूतबा पहने हैं सब
बहुत कुछ खोए जा रहे हैं अब ।

भावनाओं का हो रहा दमन
दिखावों का हो रहा चलन।

जीवन का अस्तित्व खोए जा रहा
ध्येय विहीन, पथ भ्रमित होए जा रहा।

आधुनिकता के इस दौर में
जीवन की सत्यता, खोए जा रहा।।

21. प्रेम

प्रेम क्या है?क्या हमनें जाना
क्या सच में प्रेम को पहचाना?

जहाँ चाह न हो कुछ पाने की
न हो, अब कुछ खोने की
गर त्यागना पड़े, तो त्याग दे सब
मोह न हो कुछ रहनें की ।

प्रेम तो पराकाष्ठा है, प्रीति की
हर रिवाज़ से परे,ऐसे रीति की
आसक्ति न हो, जीत की
प्रेम तो प्रेम है, परे हो हर नीति की।

पास बैठे हो, वो अगर
शब्दों की न हो, कोई फिकर
बात हो,बिन खुले अधर
सब समझ जाए, वो अगर।

भूल बैठें हो सब, उस क्षण में
वो ही वो हो, हर पल में

वासना की, आस न हो, मन में
भावना हो समर्पण की, जीवन में।

मुमकिन नहीं, प्रेम को पिरोना शब्दों में
वचनों में, या किसी माध्यम में
ये तो भाव है, इक भावना की
जो अवर्णनीय है, हर विवरण मे।

प्रेम तो प्रेम है अभिभूत है, अनुभूत की
या फिर पराकाष्ठा है प्रीति की।।

www.ingramcontent.com/pod-product-compliance
Lightning Source LLC
Chambersburg PA
CBHW070650240926
51846CB00003BA/856
* 9 7 8 9 3 7 5 2 7 7 9 4 1 *